Inge Keilho

Nicht so eilig, nicht so hastig

A. Weichert Verlag
Hannover

Inhalt

ISBN 3-483-01181-1
Einbandbild: Hildrun Covi
Illustrationen: A. M. Kolnberger

Druck: Richard Dohse u. Sohn, Bielefeld

Friederike Langschläfer

„Friederike! Aufstehen!"

Die Mutter ist ins Zimmer gekommen und möchte ihre Tochter wecken. Von Friederike sind nur ein paar blonde Strähnen zu sehen. Das kleine

Mädchen liegt zusammengerollt im Bett und hat sich die Decke bis über das Gesicht heraufgezogen. Durch die Vorhänge fallen die Sonnenstrahlen ins Zimmer.

„Aufstehen!" ruft die Mutter noch einmal. „Es ist schon spät!"

Das Knäuel unter der Bettdecke bewegt sich. Ein rundes Kindergesicht und zwei lange blonde Zöpfe werden sichtbar. Friederike gähnt. „Wie spät ist es denn?" fragt sie. „Gleich neun Uhr."

„Viel zu früh", murrt die Kleine und zieht sich die Decke wieder über die Ohren. „Bin noch so müde."

„Aber Friederike, die Sonne scheint doch schon so schön!"

„Die scheint nachher auch noch",
sagt Friederike unter der Bettdecke.
Gleich darauf hört die Mutter wieder tiefe Atemzüge. Mit einem Ruck zieht sie ihrer Tochter die Decke weg.
„Beeil dich, du kleine Schlafmütze!
Das Frühstück ist fertig."
„Kannst du es mir nicht ans Bett

bringen?" erkundigt sich Friederike gähnend.

„Das fehlte noch, du Faulpelz!" lacht die Mutter.

Friederike reckt sich und schüttelt sich gleich darauf.

„Brr - kalt", sagt sie und angelt wieder nach der Decke.

„Muß ich erst böse werden?" fragt die Mutter.

Mit verschlafenen blauen Augen blinzelt Friederike ihre Mutter unsicher an. „Ich komme ja schon."

Langsam streckt sie ein Bein aus dem Bett und tippt mit dem großen Zeh auf den Fußboden. Sofort zieht sie das Bein wieder zurück. „Brr! Ist kalt!" ruft sie. „Ich friere!"

„Wasch dich", mahnt die Mutter. „Dabei wird dir schon warm werden."

Gemächlich tappst Friederike zu dem Stuhl, auf dem ihre Kleidung bereitliegt. Sie klemmt sich alles unter den Arm und will damit gerade wieder ins Bett steigen.

„Halt!" ruft die Mutter. „Du mußt dich erst waschen!"

Seufzend gehorcht das Mädchen.
Friederike hält den nassen Waschlappen in der Hand und starrt unentschlossen darauf. „Ist zu kalt", jammert sie.
Schnell nimmt die Mutter den Lappen und fährt ihr damit lachend ein paarmal durchs Gesicht. „So,

mein Kind, nun bist du wohl munter", meint sie. „Du kannst dich jetzt anziehen und kämmen, damit ich dir deine Zöpfe flechten kann."
Friederike zieht die Bürste durch ihr langes Haar und sagt dabei: „Nicht so eilig - nicht so hastig - immer mit der Ruhe!"

Diesen Spruch kann man ein paarmal am Tag von ihr hören. Bald wird Friederike sechs Jahre alt. Ob sie dann wohl ein bißchen flinker werden wird?

Friederike ist krank

Friederike sitzt mit Vater und Mutter am Mittagstisch und mag nicht essen.

„Leber mit Kartoffelbrei ist doch dein Lieblingsgericht", wundert sich der Vater.

Friederike kommt es so vor, als

würde das Stück Leber auf ihrem Teller immer größer. Mutter legt ihr besorgt die Hand auf die Stirn. „Du hast ja Fieber!" ruft sie.

„Muß ich dann ins Bett?" erkundigt sich das Kind.

„Sicher", antwortet die Mutter. „Zieh dich nur gleich aus."

Friederike strahlt. Nirgends ist es gemütlicher als im Bett. Sie holt sich ihre fünf Puppen. Es sind zwei große und drei kleine. Sie dürfen alle mitkommen.

Als die Mutter ins Zimmer schaut, lächelt ihr ein zufriedenes Kind entgegen. Die Puppen liegen neben ihr, links die drei kleinen, rechts die beiden großen.

Am Abend bemerkt Mutter rote Flecke in Friederikes Gesicht. „Du hast die Masern", sagt sie.

Friederike ist glücklich. „Dann darf ich viele Tage im Bett bleiben wie Markus!"

Markus ist Friederikes Freund und wohnt im gleichen Hause. Er hatte kürzlich die Masern. Friederike hat ihn heimlich beneidet.

„Darf ich jetzt jeden Tag im Bett essen?" möchte sie wissen.

„Für mein krankes Kind bringe ich natürlich das Essen ans Bett, sogar ganz besonders gute Sachen", verspricht die Mutter. „Hoffentlich magst du überhaupt etwas essen."

Am nächsten Morgen hat Friederike am ganzen Körper rote Flecken. Mutter bringt ihr ein leckeres Frühstück mit einem weichgekochten Ei. Friederike beißt nur einmal in ihr Honigbrötchen und schiebt dann alles beiseite. Sie hat keinen Hunger.

Wie hat sie sich gefreut, den ganzen Tag im Bett bleiben zu dürfen! Aber nun kann sie gar nicht schlafen. Es ist ihr zu warm. Als die Mutter ins Zimmer kommt, weint Friederike.

„Ich kann nicht mehr liegen", stöhnt sie. „Überall juckt es!"

Die Mutter tröstet ihr Kind. Sie setzt die Puppen ans Fußende, damit Friederike mehr Platz hat.

„Es ist so langweilig hier!" jammert das kleine Mädchen.

„Ich weiß ein lustiges Gedicht", sagt die Mutter, „das wird dir gefallen."

Sie setzt sich zu Friederike auf die Bettkante, streichelt ihre Hände und sagt:

„Die arme Masernfee,
die ist so bunt - o weh -
vom Scheitel bis zum Zeh!

Alle ihre Puppen
sitzen da und gucken.
Und die Masern jucken.

Nun liegt die Fee im Bett.
Das wäre auch ganz nett,
wenn sie nicht Masern hätt!"

Friederike liegt nun ganz still und freut sich.

„Noch einmal", bettelt sie. Als die Mutter geendet hat, ist Friederike eingeschlafen.

Nachmittags kommt Markus zu

Besuch. Er hat eine Apfelsine mitgebracht. „Ich mochte nämlich auch nur Obst, als ich die Masern hatte", erklärt er.

„Hat es dir gefallen, krank zu sein?" fragt Friederike.

„O nein! Gewiß nicht!" entgegnet der Junge entrüstet. „Wer liegt schon gern im Bett?"

Friederike schweigt.

„Mich kannst du ja nicht mehr anstecken", meint Markus, „aber deine Puppen werden Masern bekommen, wenn du sie alle im Bett behältst."

„Daran hab' ich noch gar nicht gedacht", gesteht Friederike erschrocken. „Sie sollen auf der Fensterbank sitzen. Mir ist es sowieso zu warm."

Markus setzt eine nach der anderen in die Fensterbank. Als er die letzte Puppe nehmen will, ruft Friederike schnell: „Halt! Das ist Anni, sie soll dableiben. Vielleicht ist es ganz lustig, wenn sie auch Masern bekommt."

Markus überlegt. „Hast du Knetgummi?" fragt er.

„Dort drüben im Schrank liegt welches", antwortet das Mädchen.

Markus sucht sich roten Knetgummi aus und beginnt, winzige Kügelchen zu rollen. Jetzt versteht Friederike. Gemeinsam drücken sie die Kügelchen in Puppe Annis Gesicht. Mit den roten Flecken sieht sie nun ebenso krank aus wie Friederike.

„Zu zweit werden wir die Masern besser aushalten", sagt die Puppenmutter.

Als Markus sich verabschiedet, mahnt er: „Werde schnell gesund, damit wir bald wieder Roller fahren können!"

„Nicht so eilig - nicht so hastig - immer mit der Ruhe!" entgegnet Friederike, aber sie meint es heute nicht ganz ernst.

Friederike hat Geburtstag

Am Abend vor ihrem Geburtstag hat Friederike zu ihren Eltern gesagt: „Morgen braucht ihr mich nicht zu wecken. Ich wache bestimmt ganz früh auf, denn ich bin ja schon soo gespannt auf meinen Geburtstagstisch!"

Aber dann hat sie doch verschlafen.
Die Eltern stehen an ihrem Bett und rufen: „Friederike Langschläfer, wach auf, du hast Geburtstag!"
Friederike dreht sich knurrend auf die andere Seite und murmelt: „Nicht so eilig - nicht so hastig - immer mit . . ."

Plötzlich setzt sie sich auf und reibt sich die Augen. „Ich habe Geburtstag", ruft sie, „das hatte ich ja ganz vergessen!"

Mit einem Satz springt das Mädchen aus dem Bett.

Die Eltern umarmen ihr Kind und wünschen ihm Glück. Friederike faßt Vater und Mutter an den Händen. Nun gehen sie zusammen ins Wohnzimmer.

Auf dem Tisch brennen sechs bunte Kerzen. Daneben stehen eine herrliche Apfeltorte und ein hübscher Strauß Margeriten und Wicken. Blumen und Kuchen duften um die Wette.

Ach, der rote Regenschirm! Friederike nimmt ihn glücklich in die Hand. „Genauso habe ich ihn mir vorgestellt", ruft sie.

Ihr Vater meint: „Du wirst ihn brauchen, wenn du demnächst in die Schule kommst."

„Ja", sagt Friederike eifrig, „ich werde ihn jeden Tag mitnehmen."

„Es wird wohl nicht alle Tage regnen", meint die Mutter.

„Aber ich muß ihn jeden Tag mitnehmen", beharrt die Kleine. „Markus soll mich nämlich daran immer den Berg hinaufziehen, wenn wir aus der Schule heimkommen."

Die Eltern lachen schallend. So eine faule Tochter haben sie also!

In diesem Augenblick ertönt neben Friederike ein langgezogenes „Püiep" Erschrocken fährt das Geburtstagskind herum. Ja, was ist denn das? Dort hängt ein Vogelkäfig an einem Ständer, und darin hockt ein grüngelber Vogel mit einem dicken, krummen Schnabel.

„Oh", ruft Friederike erstaunt, „soll er auch mir gehören?"

„Der Vogel will dein Freund sein",

sagt die Mutter. „Du darfst ihn morgens selbst füttern. Er wird eines Tages auch sprechen lernen, wenn du dir Mühe gibst. Er plappert nach, was er hört. Er ist ein Wellensittich."

Friederike ist begeistert. Sie stellt sich dicht vor den Käfig hin und sagt: „Ich heiße Friederike. Sag mal Friederike!"

„So schnell geht das nicht", erklärt ihr der Vater. „Dazu braucht man viel Geduld."

Friederike schaut den Vogel an und kaut dabei nachdenklich auf einem ihrer dicken Zöpfe herum. „Hat er

morgens sehr früh Hunger?" fragt sie.

„Ja", antwortet die Mutter, „du mußt nun ein bißchen eher aufstehen als sonst. Aber ich glaube, das tust du gern, wenn du deinen Vogel allein füttern darfst."

Friederike schüttelt den Kopf. „Ich habe immer erst so spät ausgeschlafen", meint sie. „Es ist besser, du fütterst ihn, und ich bringe ihm dafür das Sprechen bei."

Friederikes erster Schultag

Heute ist Friederikes erster Schultag. Auf dem Stuhl in ihrem Zimmer liegt der neue Schulranzen. Hat die kleine Langschläferin wohl ausgeschlafen?

Mutter hat sie bereits geweckt. Aber Friederike ist die frühe Zeit nicht gewohnt und ist wieder eingeschlafen.

„Friederike!" ruft die Mutter erschrocken. „Du wirst gleich am ersten Tag zu spät kommen."

„Ist doch nicht schlimm", meint das Kind, „die sollen ruhig schon mal anfangen."

Die Mutter stöhnt. Was soll man denn mit so einem Mädchen machen? Selbst am ersten Schultag findet es nicht aus dem Bett.

Es bleibt der Mutter nichts anderes übrig, als ihrer Tochter beim Anziehen zu helfen. Das gefällt Friederike nicht. Sie schimpft: „Nicht so eilig - nicht so hastig - immer mit der Ruhe!"

Als Friederike endlich am Frühstückstisch sitzt, läutet es an der Tür. Markus und seine Mutter stehen dort. Markus geht heute auch zum ersten Mal in die Schule.

Friederike ist leider noch nicht fertig.
„Schade", sagt Markus, „wir wollten doch zusammen gehen!"

Nun machen sich Markus und seine Mutter allein auf den Weg.

Schließlich hat Friederike ihren Ranzen auf dem Rücken. Doch an der Tür rennt sie noch einmal zurück. „Mein Regenschirm", ruft sie, „daran soll Markus mich doch auf dem Heimweg den Berg hinaufziehen!"

Es ist wirklich allerhöchste Zeit, als Friederike an der Hand der Mutter ihren ersten Schulgang antritt.

Friederike freut sich. Sie wird sich neben Markus setzen.

Mutter begleitet sie noch bis zum

Klassenzimmer. Dann geht sie nach Hause.

Friederike öffnet die Tür und erschrickt. Alle Kinder sind schon auf ihren Plätzen. Neben Markus sitzt ein fremder Junge.

„Du kommst ein bißchen spät, mein Kind", sagt die Lehrerin. Sie deutet auf den einzigen freien Platz: „Setz dich gleich hier vorn hin."

Friederike ist ganz rot geworden, weil alle Kinder sie anstarren. Gehorsam setzt sie sich auf den zugewiesenen Platz.

Die Lehrerin erzählt eine Geschichte. Doch Friederike ist so traurig, daß sie gar nicht richtig zuhören kann. Ab und zu dreht sie sich nach Markus um. Er bemerkt es nicht.

Zum Schluß sagt die Lehrerin: „Ihr könnt zu Hause ein schönes Bild malen von der Geschichte, die ich euch erzählt habe."

Dann stellen sich die Kinder zu zweien auf. Friederike sieht, daß Markus neben dem fremden Jungen steht. Die Lehrerin ordnet die Reihe. Friederike muß ein ihr unbekanntes Mädchen anfassen.

Draußen auf dem Schulhof hält sie nach Markus Ausschau. Doch da ist jetzt so ein Gedränge! Friederike entdeckt ihren Freund nicht.

Seufzend macht sie sich allein auf den Heimweg. Der schöne rote Regenschirm schlenkert an ihrem Arm. Als Friederike einmal hochblickt, sieht sie weit vorn eine Horde Jungen gehen und erkennt Markus mitten darin. Das ist zuviel. Nun fängt sie an zu weinen.

Die Mutter empfängt ein tränenüberströmtes Kind, das von der Schule ganz enttäuscht ist. Und doch weiß Friederike genau, daß alles ihre eigene Schuld ist.

„Ich will wirklich lernen, früher aufzustehen", schluchzt sie.

Da holt Mutter eine große bunte Schultüte herbei, die gefüllt ist mit den leckersten Süßigkeiten. Schnell trocknet Friederike ihre Tränen und lacht die Mutter dankbar an.

Friederike Frühaufsteher

Friederike hat ihren Wellensittich Peter genannt. Sie hat ihn sehr lieb. Er ist ein fröhlicher Geselle, der den ganzen Tag in seinem Käfig herumhüpft, piepst und krächzt.

Manchmal öffnet Friederike das Türchen. Dann fliegt er heraus und setzt sich auf ihren Kopf. Mit seinem dicken Schnabel ziept er an ihren Haaren. „Warum willst du denn gar nicht sprechen, Peter?" fragt Friederike. Sie hat schon häufig versucht, ihm ein paar Wörter beizubringen. Er scheint aber nichts lernen zu wollen.

Die Mutter sagt scherzhaft: „Vielleicht wartet Peter darauf, daß du ihn morgens selbst fütterst."

Leider hat Friederike das noch niemals getan. Der kleinen Langschläferin fällt das Aufstehen immer so schwer, daß sie mit knapper Not rechtzeitig in die Schule kommt.

Jeden Abend nimmt sie sich vor, ihren Peter zu versorgen. Sie betet sogar: „Lieber Gott, laß mich bitte morgen recht früh aufwachen."

Eines Tages geschieht etwas Sonderbares. Friederike erwacht, streckt

sich und ruft vergnügt: „Ich bin gar nicht mehr müde!" Sie springt aus dem Bett und zieht die Vorhänge zurück. Auf der Straße ist noch alles still.

Da hört Friederike ein ungeduldiges „Piep! Piep!" Du lieber Himmel, ihr Peter ist hungrig! Flink schlüpft sie in ihre Pantoffeln und läuft zum Wohnzimmer. In ihrer Eile verliert sie einen Pantoffel, stolpert und stürzt mit Getöse ins Zimmer hinein.

„Nicht so eilig - nicht so hastig!" krächzt es ihr entgegen.

Mit vor Staunen geöffnetem Mund bleibt Friederike auf dem Fußboden sitzen. Sie starrt ungläubig ihren Peter an, der mit gesträubtem Gefieder aufgeregt in seinem Käfig herumflattert.

Jubelnd springt das Kind in die

Höhe, hopst wie ein Gummiball auf und nieder und singt: „Nicht so eilig - nicht so hastig . . ."

Mitten in diesen Lärm hinein kommen plötzlich Vater und Mutter. Sie sind ganz erschrocken.

Der Vater hält seine herumtanzende Tochter fest und fragt: „Bist du aus dem Bett gefallen?"

„Nein", ruft sie und lacht, „ich bin jetzt Friederike Frühaufsteher! Hört nur, was der Peter dazu sagt!"

Da krächzt der Vogel wieder:

„Nicht so eilig - nicht so hastig!"

Friederike und ihre Eltern sprechen im Chor: „Und immer mit der Ruhe!"